康乾盛世

◎ 主编 金开诚

◎ 编著 徐大成

吉林出版集团有限责任公司

吉林文史出版社

图书在版编目（CIP）数据

康乾盛世 / 徐大成编著. —长春：
吉林出版集团有限责任公司，2011.4(2023.4重印)
ISBN 978-7-5463-5027-1

Ⅰ. ①康… Ⅱ. ①徐… Ⅲ. ①中国历史－清代－通俗
读物 Ⅳ. ①K249.09

中国版本图书馆CIP数据核字 (2011) 第053466号

康乾盛世

KANG QIAN SHENGSHI

主编/ 金开诚 编著/徐大成
项目负责/崔博华 责任编辑/崔博华 许多娇
责任校对/许多娇 装帧设计/李岩冰 张 洋
出版发行/吉林文史出版社 吉林出版集团有限责任公司
地址/长春市福祉大路5788号 邮编/130000
印刷/天津市天玺印务有限公司
版次/2011年5月第1版 印次/ 2023年4月第5次印刷
开本/640mm×920mm 1/16
印张/9 字数/30千
书号/ISBN 978-7-5463-5027-1
定价/34.80元

编委会

前　言

　　文化是一种社会现象，是人类物质文明和精神文明有机融合的产物；同时又是一种历史现象，是社会的历史沉积。当今世界，随着经济全球化进程的加快，人们也越来越重视本民族的文化。我们只有加强对本民族文化的继承和创新，才能更好地弘扬民族精神，增强民族凝聚力。历史经验告诉我们，任何一个民族要想屹立于世界民族之林，必须具有自尊、自信、自强的民族意识。文化是维系一个民族生存和发展的强大动力。一个民族的存在依赖文化，文化的解体就是一个民族的消亡。

　　随着我国综合国力的日益强大，广大民众对重塑民族自尊心和自豪感的愿望日益迫切。作为民族大家庭中的一员，将源远流长、博大精深的中国文化继承并传播给广大群众，特别是青年一代，是我们出版人义不容辞的责任。

　　本套丛书是由吉林文史出版社和吉林出版集团有限责任公司组织国内知名专家学者编写的一套旨在传播中华五千年优秀传统文化，提高全民文化修养的大型知识读本。该书在深入挖掘和整理中华优秀传统文化成果的同时，结合社会发展，注入了时代精神。书中优美生动的文字、简明通俗的语言、图文并茂的形式，把中国文化中的物态文化、制度文化、行为文化、精神文化等知识要点全面展示给读者。点点滴滴的文化知识仿佛颗颗繁星，组成了灿烂辉煌的中国文化的天穹。

　　希望本书能为弘扬中华五千年优秀传统文化、增强各民族团结、构建社会主义和谐社会尽一份绵薄之力，也坚信我们的中华民族一定能够早日实现伟大复兴！

目录

一、励精图治，开创"康乾盛世"

"康乾盛世"也称"康雍乾盛世"，它出现于中国最后一个封建主义专制中央集权王朝——清朝。"康乾"是简称，指清朝初期连续三代依次承接的皇帝，即康熙、雍正和乾隆。"盛世"是指社会比较稳定，人民得以温饱，各行业兴旺发达，是一个能够让百姓安居乐业的社会。其重要标志是全国人口数量的大幅增长，远远

超出以前的朝代。同时，"康乾盛世"也是古代中国封建社会历史上最后一个繁盛的治世，大致从1662年至1795年，历时一百三十多年。在这期间，由于统治者实行了一些行之有效的政策和措施，缓和了当时的阶级矛盾、民族矛盾，维护统一的多民族国家及其政治、经济和文化等方面的发展，保证了在相当长的一段时间内社会安定，劳动人民得以安心生产，从而使社会经济从明末清初战争的破坏中恢复过来，并迅速发展，从而登上了中国封建社会的顶峰，出现了中国历史上又一个也是最后一个治世局面，清朝也成为当时世界上最强大的帝国之一。

清朝之所以出现"康乾盛世"的大好局面与前面说的三

位皇帝的功劳有很大关系。那么，康熙、雍正和乾隆三位皇帝究竟采取了什么样的治国方略、有着怎样的个人品质，才使得清王朝出现盛世局面并成为当时世界上最强大的国家的呢？让我们从三位皇帝的人生经历和具体的政策措施这些方面来逐渐了解"康乾盛世"的产生、发展以及繁荣的过程。

（一）幼年登基，亲政治国

"康乾盛世"是从康熙皇帝执政时期开始的，康熙也是"康乾盛世"局面的创始人和奠基人。康熙皇帝是清圣祖，他的名字叫爱新觉罗·玄烨，生于1654年，卒于1722年。他是清朝入主中原以来的第二个皇帝，他前任的皇帝是顺治帝。我们现在之所以称他为康熙皇帝，主要是因为他主政时期的年号是"康熙"，所以就自然地称他为康熙帝。据说康熙皇帝能够继承父皇的皇位很大程度上还是由于他得过一场大病的缘故。康熙帝的父亲顺治帝在不到24岁时因为得上了天花病，后来顺治帝就是因为天花病医治无效而逝世。起初，顺治帝在世时想立次子福全为太子，而孝庄皇太后则想立三子玄烨为太子，但是鉴于顺治帝得了天花病后的悲惨状况，使得清朝统治阶级决定太子人选最好是得过天花病的皇子，因为得过天花病的可以终身免疫这种疾病。而玄烨在幼时得过天花病并且奇迹般地存活了下来，这在清朝统治者看来是上天选择了玄烨，使他成为太子的最佳人选，玄烨就是通过这样的"得病"方式顺利地成为了太子，

获得了皇位继承权。康熙帝8岁即位，遵照顺治帝的遗诏命令索尼、遏必隆、苏克萨哈和鳌拜四大臣共同辅政。但是大权逐

渐落入鳌拜一人手中，鳌拜专横跋扈，居功自傲，结党营私。康熙帝16岁时设计利用一群陪康熙摔跤的贴身侍卫捕杀了鳌拜，君权才得以行使。康熙帝亲自掌握政权后，采取了一系列的措施，巩固了国家政权和清朝贵族集团，使得清朝的国力迅速地发展。

（二）措施得当，奠定盛世局面

首先，康熙帝巩固和加强了祖国的统一，这也是他对中国历史做出的巨大贡献。一是他坚决平定了"三藩"之乱，"三藩"就是我们在历史书和电视剧中

经常看到和听到的吴三桂、尚可喜和耿精忠，他们三人分别驻守云南、广西、福建。他们对自己管辖地区的百姓大量地收取苛捐杂税，实行严酷的专制统治，百姓处在水深火热之中。此外，清政府每年还得拨给"三藩"大量的白银，物资供应，严重地削弱了清朝的财力和物力且束缚了清政府发展。于是，康熙帝下令废除"三藩"并取得了成功，稳定了国家政权。二是加强对南方各地的控制，降服了控制台湾的郑成功的孙子郑克塽，使中国重新归于统一。康熙帝收复台湾的壮举，不仅使当时清政府重新拥有了管理台湾的行政主权，统一全国，而且还产生了极其重要的现实影响。三是康熙帝通过对当时沙皇俄国的雅克萨战争，解决了困扰中俄的边界问题，也为确立现代中俄边

界区域奠定了基础。雅克萨战争进行了
两次，第一次雅克萨战争发生在康
熙二十四年(1685年)正月，康熙
皇帝亲自命令都统公彭春、副
都统班达尔沙、护军统领佟
宝为参政，会同黑龙江将军
萨布素等统帅清军，分成两路
进取雅克萨。随着雅克萨战
役的进行，在第二次雅克
萨战争中，清政府为
了加强对边境的防
御，采取了"筑城
永戍"的方式，在雅
克萨战役的当年，便修筑
了墨尔根城，修筑了从吉
林到瑷珲的驿路，并将黑
龙江将军衙门由黑龙
江左岸的旧瑷珲
城迁至右岸新
瑷珲城，同时又于瑷

珲设副都统驻防。然而，清政府却没有在雅克萨继续设兵防守，也没有收割附近的庄稼，断绝沙俄军队的粮食来源，致使沙俄侵略军不久又卷土重来。当年七月，沙俄尼布楚统领乌拉索夫派遣了七十名哥萨克兵前赴雅克萨进行侦探，获悉清军已经撤到瑷珲。八月，大批沙俄侵略军在托尔布津的率领下，再次窜到雅克萨，重新在清军烧毁的雅克萨城废墟上修起了城堡，并于城堡中修建了火药库、军需仓和粮仓等设施，同时增兵八百二十名，准备长期在雅克萨盘踞。沙俄政府这种背信弃义的行动，引起了清政府的极大愤慨。康熙二十五年(1686年)，康熙皇帝颁发谕旨，命萨布素率领清兵两千人，建义侯林兴珠率领八旗汉军内福建藤牌兵四百人一起攻取雅克萨城。同月，雅克萨俄军首先采取了战争行动，据守在雅克萨的俄军头目托尔布津，派遣哥萨克头领阿法纳西·别伊顿率领三百人窜到呼玛尔河流域，向中国居民展开了进攻，遭到中国达斡尔居民的英勇还击，从而沙俄侵略者再次挑起战端。双方经过数次激战，清军最终驱逐了盘踞在黑龙江流域雅克萨的沙俄侵略者，遏制了沙俄对华侵略的野心。1679年，康熙帝派代表与沙俄代表签订了《尼布楚条约》，划定了中俄东部边界线。最后来，平定了准噶尔等反动贵族的叛乱，稳定了清政府在当时中国西北边疆地区的统治，维护了统一的多民族国家。康熙帝在位六十一年间，他能够顺应时代的潮流，在维护多民族国家统一的过程中表现出雄才大略。自康熙时期至19世纪中期，中国在北起外兴安岭，南至南沙群岛的曾母暗沙，西起巴尔喀什湖和帕米尔高原，东抵鄂霍次克海、库页岛和台湾广大而神圣的领土内，实现并巩固了全国的统一，加强了中央集权，成为世界上强大的国家。康熙帝采取的稳固清朝政权和国家

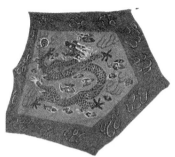

统一的决策，为清朝出现"康乾盛世"的繁荣局面提供了良好的社会环境，奠定了"康乾盛世"的基础。

其次，康熙帝在巩固国家统一和边疆地区的稳定的同时，还注意恢复和发展社会生产力，他采取了一系列有利于国家经济恢复和发展的积极措施，使得清朝整体经济实力有了较大的提高。公元1669年，康熙帝下令废除圈地令，以后永远停止圈地，并规定所圈土地应退还给农民。康熙帝积极鼓励垦荒政策，于1671年下令每年陆续放宽垦荒的起科年限，

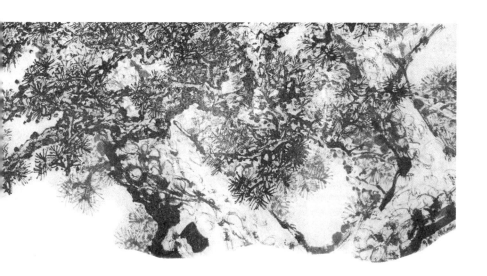

并规定根据开垦荒地面积的多少赐予不同的官职作为垦荒的奖励，这样就充分地调动了百姓垦荒的积极性，有利于国家农业的发展。1685年，康熙又规定民间新垦田亩"自后永不许圈"，从而在一定程度上限制了贵族旗主的经济扩张，有利于自耕农民获得土地，得以生存。同时，康熙帝还把明朝各封王的属地庄田进行"更名"，使这些田地成为百姓的田地交给农民耕种，促进了农业的发展和农民生活的改善。康熙帝还减免各省上缴国家的钱粮，减轻了地方的发展负担，

从而鼓励各省经济在较为宽松的环境下发展。康熙帝进行了赋税调整，1712年，他向全国宣布以康熙五十年的人丁数为基准，以后全国人数无论增加多少，所缴纳的赋税还是和康熙五十年的数额一样多，这就是历史上著名的"盛世滋丁，永不加赋"。这项措施极大地缓解了阶级矛盾，减轻了人民身上的负担，促进了人民生活的改善和社会的稳定和谐。康熙帝还注重兴修水利设施和治理河流泛滥。明末清初经过长期的战乱，农业生产遭到严重的破坏，康熙帝任用靳辅等治理

黄河，减轻了水患，他还亲自六次南下巡察黄河和水利，修黄河、淮河、永定河。康熙帝的重农治河，兴修水利政策，使他取得了前无古人的成就。

再次，康熙帝顺应了历史潮流的发展趋势，先是维护了国家的统一和社会内部的安定祥和，通过采取行之有效的各项政策促进了社会经济的发展和人民生活质量的提高，这就为康熙时期文化的发展和繁荣提供了坚实的基础。康熙帝兴文重教，编纂典籍。康熙帝非常重视文化教育，他亲自支持编纂了许多重

要的典籍，例如《康熙字典》《佩文韵
府》《清文鉴》《康熙全览图》《古今图
书集成》 等。尤其是《康熙字典》，它是
康熙帝下旨编撰的一部具有深远影响的
汉字辞书。该字典的编撰工作始于康熙
四十九年（1710年），成书于康熙五十五年
（1716年），历时六年，因此书名叫《康熙
字典》。由总纂官张玉书、陈廷敬主持，
修纂官凌绍霄、史夔、周起渭、陈世儒等
三十多位清代学者合力完成。字典采用
部首分类法，按笔画排列单字，字典全书
分为十二集，以十二地支标识，每集又分
为上、中、下三卷，并按韵母、声调以及音

节分类排列韵母表及其对应汉字，共收录汉字四万七千零三十五个，为汉字研究的主要参考文献之一，也是康熙时期文化发展的重要标志。

（三）人无完人，功大于过

康熙帝通过采取上述一些政策措施，达到了巩固清朝新兴政权和维护多民族国家统一的目的，促进了社会经济、政治、文化等方面的发展和繁荣，有利于社会的安定团结，使得清朝国家实力逐渐强大。然

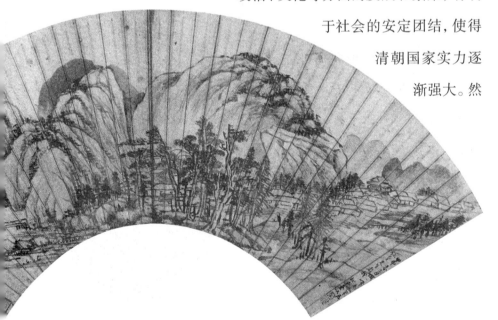

而，人无完人，康熙帝也实行了一些带有负面影响的政策和措施，例如：实行"迁界海禁"政策（闭关锁国）、实行"文字狱"、抑制商业发展等都在一定程度上束缚了清王朝进一步向前发展。尤其是"海禁政策"和"文字狱"盛行，严重地阻碍了清朝商业贸易发展和科学技术的进步，割断了中国与西方国家的一切联系，是清朝日后严重落后于西方先进国家的主要原因；大兴"文字狱"极大地禁锢了中国学者的思想和积极性，阻碍了他们进行研究创造、进行试验的首创精神，阻碍了中国文化和科学技术的发展。但是，康熙帝的成就还是占主要方面的，他所实施的积极作为对后来中国的发展产生了深远的影响。

二、大刀阔斧，创新革旧

（一）传奇继位，承前启后

清朝"康乾盛世"的社会安定局面是由康熙帝通过各种积极有效的政策首先开创并逐步向前发展的，他为"康乾盛世"奠定了深厚的基础。康熙帝逝世后，他的第四个儿子胤禛继承了皇位，即雍正帝。雍正帝于1722年继位，年号为雍正，故称他为雍正帝。

然而，关于雍正帝继位之谜的说法

也是由来已久。具体情形是这样的：康熙帝在世时为了根绝诸子间的夺位之争，他释放了被废太子和皇八子，恢复皇八子的爵位，康熙四十八年(1709年)，再次立胤礽为太子。太子胤礽虽然被废过一次，但仍然没有学会谨慎，他为获罪的步军统领托合齐通风报信，于康熙五十一年(1712年)再次被废，被永远幽禁于咸安宫，以后提议复胤礽太子之位的官员均被处死。康熙直到去世也未明确太子人选。胤礽二度被废以后，势力上升最快的是皇十四子胤禵，他是雍正帝的同母弟弟。康熙五十七年(1718年)，胤禵被封抚远大将军，主持西北军务四年，康熙帝称赞他"有带兵才能"，被公认为太子的首当人选。与此同时，胤禛与父亲

关系也颇为融洽，时常奉父命祭祖陵，举行郊礼大典，偶尔处理政务，也颇有章法。康熙六十一年(1722年)十一月，康熙帝在畅春园斋戒期间，突生疾病。十二日晚，诸王子齐集畅春园。次日，康熙帝病逝。康熙死后，胤禛的舅舅步军统领科隆多宣布遗诏，皇位继承人不是胤禵而是胤禛，惹起后人议论纷纷，传说雍正帝与科隆多串通一气，下毒谋杀老皇帝，篡改遗诏，把"传位十四子"改为"传位于四子"。证诸史实，此事不可信，因为

清朝宫廷的书写制度，满汉两种文字并用，绝不会只用汉文；并且，照惯例诸皇子应称皇第几子，如皇十四子，绝不会只写"十四子"，遗诏全文应为"皇位传于皇四子"，因此汉文也无法添改。

雍正帝虽只在位十三年，但他在位期间所取得的历史功绩却是不在康熙和乾隆两位皇帝之下，他处在一个承上启下的历史时期，是一个关键的时刻。这主要体现在一方面雍正帝很大程度上继承了父亲康熙帝治理国家的大致方针政策，继续巩固国

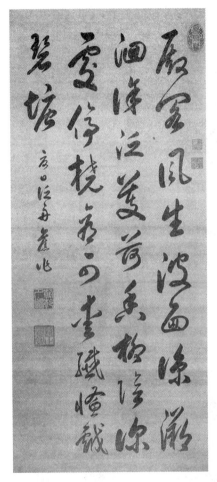

家统一和促进社会经济的发展，尤其使国家的国库收入大幅增加，解决了财政方面拮据的困难，为乾隆时期进行大范围积极有效的统治和经济、文化方面的发展奠定了物质基础；另一方面，雍正帝也是一个改革型的皇帝，在他执政期间对很多制度进行了改革和创新，进一步完善了封建主义中央集权的国家政治制度，使之能够高效良好的运行，既巩固了清朝政权，又使整个社会依然在稳定团结的环境中逐渐发展。

（二）革旧立新，影响深远

雍正帝为了巩固统治和促进社会经济的发展所采取的政策措施：第一，整顿吏治。雍正帝当皇子的时候，对康熙晚年在政治上的弊端和官场上的腐败，看得比较清楚。雍正帝45岁继位，继承皇位之后，他一开始执政就大刀阔斧地整顿吏治。雍正元年（1722年），雍正连续下了十三道谕旨，可见其整治官吏的力度之强，通告各省的总督、巡抚、布政司、知府、知州、知县、文官还有武官，告诚他

们不许贪污，不许受贿，不许克扣，武官不许吃空额，违者严重治罪。此外，雍正帝还成立了会考府，这个机构的主要职责就是对财政进行严格审计，如果检查出财政有问题和核对有出路的，必须进行严肃处理。比如说，当时的户部使得国库亏空二百多万两白银该怎么办呢？雍正帝下令凡是有关的堂倌，无论在任的还是离任的一律退赔，如果查处贪污银两而没有退赔的，必须严加惩治。在这期间，被革职抄家的各级官吏就达数十人，其中有很多是三品以上大员。与曹雪芹家是亲戚的苏州织造李煦，也因为经济亏空而被革职抄家。《清史稿·食货志》说："雍正初，整理度支，收入颇增。"史家评论说："雍正澄清吏治，裁革陋规，整饬官方，惩治贪墨，实为千载一时。彼时居官，大法小廉，殆成风俗，贪冒之徒，莫不望风革面"。雍正帝的这一政策确实起到了积极的效果，极大地打击了康熙帝后期贪污腐败的不良之风，使得清朝朝野的腐败风气大受动摇，从而扭转了康熙晚期时官场的贪污腐败的不良风气，整个政治体制从内阁六部一直到省府州县，出现了一个行政效率更加快捷、

官员风气更加勤政节俭的局面，国库收入比康熙帝在位的时候更加充裕。可以这样说，如果没有雍正帝大刀阔斧地对吏治进行整顿治理，也就没有乾隆时期的盛世局面。

第二，雍正帝对清朝的奏折制度进行改革，创立了密折制度。所谓密折，密就是秘密、保密的意思；折就是将官员们要上报给皇上的信息写在奏折的白纸上，外面加上封套。早在康熙帝时期就已经有奏折制度，到了雍正帝时期把清朝奏折制度加以改革，使其得到了完善。

雍正帝改革奏折制度的措施扩大了上奏人员的人数范围。康熙执政时期的奏折范围主要在少数亲信、大臣、总督、巡抚、提督、总兵这几个官员之中，雍正时期规定上奏人范围：在北京的皇室宗亲、王公，文职京堂以上，武职督统以上，以及翰林院、负责起居的这些官员，都可以递上奏折；科道言事也可递奏折。在各地方行省、文职按察使以上、武职总兵以上、驻防总管城守尉以上、新疆北路办事大臣、领队大臣以上的人，都可以递上奏折；道员言事也可

递奏折。凡是在京照例不准递奏折人员，如果受旨意派往外省查办事件及学政、织造、关监督、并科道及抽查的官员也可递奏折。可见，相比康熙时期的奏折范围，雍正时期确实扩大了许多。密折制度还使上报的内容和保密程度更加丰富和完善。雍正时期奏折内容几乎无所不包，无所不涉及，例如社会言论、官场隐私、家庭琐事和秘闻、天气情况等都在奏折内容之内；雍正帝为了不使奏折内容泄露出去以造成不良的影响，对与密折有关联的人员都做了细致而周密的布置，对一些规定也严格要求。防止内阁大臣对一些奏折内容进行干预，特别注重官员之间互相告密，互相监督和管理，从而强化了皇帝专制强权。

第三，设立军机处。雍正帝设立的军机处是帮助和辅助自己做决策与行政管理的机构，其地点就设在紫禁城隆宗门以北。军机处人数没有固定的规定。其主要职责：军机处官员每天进朝见皇上商量国家大事和军事要务，最后决定的政策或命令由以面奉谕旨的名义发布至下级各部门、各地方衙府作为指示性规范政策。面奉谕旨指军机处官员起草公文，由朝廷直接寄发，称为"廷寄"。清朝政府内部主要有三个重要的军政机构：一是议政处，二是内阁，再就是军机处。议政处是当时清朝还处在关外即后金政权时期创立的机构，其主要成员由八旗

各旗主、王公贵族组成，也称"议政王大臣会议"，主要商量和决定比较重大的国家和军事大事。后来又设立内三院，就是内阁。议政处管理军事要务，内阁管理国家的内政事务。随后，议政处的权力逐渐被内阁削弱，内阁慢慢地掌握了国家军政要务的决策和制定机构。军机处建立后，军事方面的事务都由军机处管理，政务归内阁掌握，但是军机处的实际权力却逐渐地超越内阁，内阁大学士的权力被军机大臣所分化和剥夺。军机处的设立，标志着中国古代封建主义专制集权走向了最高程度。这是因为，明朝时期内阁对皇权有一定的限制和约束作用，如下令由内阁草拟、经内阁下发，阁臣对诏令有权封驳。但是清朝建立军机处之后，排除了王公贵族，也排除了内阁大臣，使清朝皇帝乾纲独断——既不容皇帝大权旁落，也不许臣下阻挠旨意，因此才体现了皇帝权力空前强大，没有任何因素能够制约这种大权的实施。

第四，雍正帝实行"改土归流"政策。在今天的湖南、四川、广东、广西、云南、贵州等少数民族居住地区，当时基本上都由当地少数民族的世袭"土司"进行管辖。虽然以前也有"改土归流"的

措施，但是到了雍正帝时期"改土归流"政策在全国全面实行。"改土归流"政策主要内容是将上述少数民族地区的世袭"土司"革除废止，在少数民族地区设置府、厅、州、县行政机构，分别委派有任期的、非世袭的"流官"进行管辖和治理。雍正帝实施的"改土归流"制度，有效地加强了清朝中央政府对少数民族地区的行政管辖，加强了对这些地区的治理，促进了这些地区经济和社会的发展；同时，这项政策还严重打击和限制了原来

"土司"的世袭权力和利益，减轻了少数民族人民的沉重压迫和灾难，促进了这些地区文明开化程度和人民生活水平的提高，更为重要的是在一定程度上解决了清朝边疆问题，稳定了政权，加强了国家的安定团结。

第五，创立"摊丁入亩"制度。雍正帝继位以前的中国社会的赋税是将人口和土地分开缴纳的。康熙五十一年（1711年）以后，实行"盛世滋丁，永不加赋"，但此前出生的人口还是要缴纳人丁税

的。雍正帝实行"摊丁入亩"政策，将各家的人丁数量统计出来，把人丁税平均地摊入到田赋之中，并以康熙五十一年的人丁数量为基准，以后增长的人丁不必纳税。这是对中国古代赋税制度的又一次重大的改革措施，它从法律上取消了人头税，结束了中国历史上人丁、地亩双重征税的标准，并把税收归并为单一的土地税，从而简化了税收的原则和手续，在一定程度上改变了赋役不均的严重情况，减少了户籍隐漏，使国家的丁银收入有了保证，也极大地减轻了贫苦农民和无地贫民的负担，为建立起集中管理和监督的财政体制提供了条件。因此，这是具有积极意义的措施，也是中国人口迅速增加的一个重要原因，后来道光皇帝时期中国人口已达四亿。同时，"摊丁入亩"的实行，导致与古代赋役制度相联系的人丁编审制度失去意义，至乾隆三十七年（1722年）最终停止了人丁编制，农民不再被强制束缚在土地之上，大量剩余劳动力可以流动、租佃、佣工、经商、从事手工业，这显然对经济各部门的发展和

商品经济的活跃起着积极的推动作用。

第六，实行"废除贱籍"制度。所谓贱籍，就是不属于士、农、工、商这些阶级的社会最下层的人，称为"贱民"。这些"贱民"世代相传、身份不得改变，他们基本上没有什么权利，不让参加科举考试，没有做官的资格。这些"贱民"按地域分为几种：浙江惰民、陕西乐籍、北京乐户、广东疍户等。据说，浙江惰民是宋、元罪人的后代。他们几乎都是从事于社会最下层、最低贱的工作，例如男的从事捕蛙、买汤；女的从事妓女、媒婆、做针线活等工作。这些所谓的"贱民"的存在，有可能导致他们对社会的仇恨而发动起义，危害清朝的统治基础。鉴于这种原因，雍正帝实行了"废除贱籍"制度，雍正帝对历史上的惰民、丐户、世仆、伴当、疍户等"贱民"，废除他们的"贱民"称号和"贱籍"地位，把他们统称为"民"，编入正常的户籍制度。这一政策有利于消除危害社会稳定的潜在威胁因素，从而维护了清朝的统治基础。

第七，雍正帝实施了一项重要的财政及官僚制度改革即提解耗羡、增设养廉。耗羡，即官吏在征解钱粮时以熔银火耗、解运损耗名义私行加派的钱粮。州县私征耗羡，由来已久。

由于清朝各级官员实行的是低俸制，官僚远不足以维持官员的生活及办公的费用支出，康熙帝默许州县官私取一分火耗，即增收田赋百分之十，意在使地方官得以养成廉洁。但官员实征火耗的数量很难控制，火耗率从江西、浙江占征税钱粮的百分之五至百分之十，直到山东、河南、山西占征额钱粮的百分之二十、百分之三十以至百分之八十。州县私征耗羡，一是用来馈赠上司；二是充地方办公之用；三是中饱私囊。耗羡的滥征，势必使州县以上各级官员收受属员规礼节礼，

结果州县益发有所借口而肆其贪婪，上司则因收取了各种陋规而有所瞻

顾，不敢过问，吏治民生，均受其弊。康熙六十一年（1722年），陕西巡抚噶什图曾奏请将各州县火耗量留本官用度外，其余俱捐补合省亏空，未获允准。雍正元年（1723年）五月，湖广总督杨宗仁奏请将原属地方官私派私用的耗羡提出二成，以充地方一切公事之用；山西巡抚诺岷则奏请将每年收取五十万两左右的火耗银全部归公。他们的奏请受到了雍正帝的嘉许，提解耗羡得以于山西、湖广等省率先试行。其后，山东巡抚黄炳、河南巡抚石文焯也先后奏请并在其属实行提解耗羡之举。但多数官员以耗羡乃州县之私，耗羡一旦归公，成为正税，难免有加赋之嫌，而反对提解耗羡。雍正二年（1724年）六月，山西布政使高成龄具折全面批驳了反对意见，请令各省督抚俱如山西巡抚诺岷所奏，将耗羡归公。雍正

帝遂命廷臣议覆高成龄奏折。经过一番讨论，雍正帝降旨历数私征耗羡的种种流弊，表明支持提解火耗的决断。自此，各省相继实行耗羡提解，归本省财政支配。

提解归公的耗羡主要用于三项：第一，充作官吏"养廉银"，各官员常额俸禄之外按数给发，使各官员不得需索扰民；第二，弥补地方亏空；第三，充当地方其他公事的费用。各省耗羡按本省地丁银总额的一定比例征收，大体比私征火耗时减少一半。而各官员养廉银、地方公

费也由此固定下来。耗羡归公反映了征税权力的集中化、统一化，一定程度上促进了省级地方财政经费的明确化、预算化，减轻了人民的负担，对整顿吏治、减少贪污起到了一定的作用。

最后，雍正帝对清朝贡献的最大政治遗产是秘密选储、立储制度。雍正帝自己清楚地知道，清朝在选储和立储的过程中产生过许许多多悲惨的事件，例如清太祖死后，因皇位继承问题而发生了大妃生殉的悲剧，使得摄政王多尔衮从小就失去母亲的关怀和照顾；清太宗死后，尸骨未寒，马上又演出几乎兵戎相见的惨剧；清世祖死后，清政府仓促地让一位8岁的孩子继位，大清出现一位英明的君主实属幸运；清圣祖死前储位未定，又上演了雍正兄弟之间骨肉相残的闹剧。这些以前发生的事实使得雍正帝必须考虑怎么样才能使清朝避免发生为了争夺太子和皇位问题而发生的争斗呢？如何能够在避免争斗的情况下又能选择一位优秀的太子呢？雍正帝经过长期的思考，终于想出了一个好的立储办法——秘密选择立储人选，预先选择好了皇位继承人，同时又不对外公开宣布，这就是秘密立储制度。雍正帝把即将传位的诏书置于密封的锦匣之中，预先藏在乾清宫"正大光明"牌匾后。这是清朝立储制度的重大而又积极的变革，有利于在各位皇子之中选择优秀的人选来继承皇位，又可以避免各

个皇子因为皇位继承问题而发生冲突，维护了清朝统治阶级内部的稳定团结，保证了皇位继承的平稳过渡。

（三）严酷统治，勤帝美名

上述列举了雍正帝执政期间所采取的积极政策措施，这是他为清朝社会继续向前发展所做的巨大贡献。此外，雍正帝还是一个非常勤勉的皇帝，勤政是雍正区别于其他皇帝的一个显著特点。例如雍正在位时期，仅以朱批（拿红笔在上面批改）审过的奏折计算，现存汉文奏折三万五千余件，满文奏折六千六百余件，总共四万一千余件，雍正帝在位十三年，这样算来他每天平均批阅十个奏折，最多可达万言之多。由此可见，其每天批阅奏折数量、内容之多是不可想象的。这也证实了雍正帝是一个非常勤勉的皇帝。然而，雍正帝也有一些负面影响，例如他在行使权力的过程中，过于严酷和暴力以至于杀害了不少有利于清朝统治的官员；此外，雍正帝时期大力实行思想控制，大兴文字狱，也严重阻碍了中国思想的向前发展和文人素质的提高。但是，我们可以看出雍正帝所采取的积极政策的深远影响还是远远大于他的负面影响，雍正帝在有限的十三年执政期间，在继承康熙帝执政期间所实施的政策的基础上，

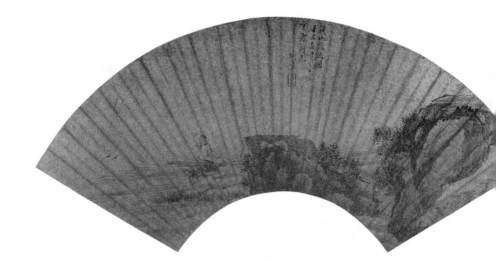

对现有的制度进行改革，同时他也根据清朝当时的统治需要创立了一些新的制度，有效地巩固了清朝中央政府的权力，维护了中国社会的安定，又促进了社会经济、政治和文化的发展；同时他的一些制度改革和制度创新在很大程度上对后来乾隆帝的统治都有非常深远的影响和触动。所以可以这样说，雍正帝统治时期是极其关键和重要的，他的这些努力不仅从根本上扭转了康熙末年的一些不良风气，而且使清朝的历史继续向前发展。所以雍正帝既继承了他父亲康熙帝的有利的措施，又纠正了康熙时期一些错误的措施，改变了康熙帝晚年那些不良的社会风气，同时雍正帝的许多措施，也为后来乾隆时期的强盛奠定了基础。因此，他执政时期起到了某种重要的承上启下的连接作用，使得清朝的统治交接能够顺畅有效地进行下去，雍正帝的功劳是不可磨灭的。

三、文治武功，呈现盛世局面

（一）尊敬康熙，限制帝年

清朝"康乾盛世"经历了康熙帝的开创和奠基，形成了盛世的良好开端，奠定了坚实的基础，接着又由雍正帝承接了康熙帝遗留下来的宝贵成果并在此基础上进行补充完善和创新，使得清朝的盛世局面更加成型。于是，这种盛世的趋势到了乾隆帝时期则完全的发扬光大，盛世的效果和影响普及社会的各个阶层和

角落，最终形成了清朝"康乾盛世"的最佳效果。所以说乾隆帝的精心治理对清朝"康乾盛世"所起的作用和影响是不可估量的。那么，乾隆皇帝是如何把这种盛世的局面和影响得以放大的呢？在其执政过程中完全是积极的影响和推动盛世发展吗？我们可以带着这些问题来了解一下乾隆帝的个人喜好和他的一些政策措施。

乾隆帝即清高宗，姓爱新觉罗，名

弘历,是雍正帝的第四个儿子。生于康熙五十年,逝世于嘉庆四年。弘历在雍正十三年继位,因为当时的弘历非常尊敬和崇拜他的爷爷康熙帝,所以一直就以他的爷爷为榜样和目标;他还宣称自己可能的话只当六十年皇帝,绝不会超过他的爷爷——康熙帝六十一年,于是乾隆帝真的就做了六十年的皇帝,之后把皇位禅位于他的十五子颙琰,自封为太上皇帝(非一般的太上皇,意指皇帝的皇帝)。乾隆帝在位共六十年,禅位后继续训政三年。事实上,乾隆帝已是中国封建史在位时间最长的皇帝,已超过其祖父康熙帝的在位六十一年,同时他也是寿命最长的皇帝,活到89岁。乾隆帝在位时期的执政措施具有许多积极正面的影响,但是其也有一些负面的措施和影响。但是,乾隆帝对清朝积极贡献是深远和不可估量的。

（二）雄才大略，国势极盛

第一，乾隆帝在实施内政的过程中注意"宽严相济"，开扩了"康乾盛世"的局面。乾隆帝登基后，总结了清朝前辈们在政治上的经验，纠正了在政治方面康熙帝时期的宽政及雍正帝时期的严政弊端，主张在政治上实行"宽严相济"策略，采取宽大处理和严肃惩治相结合的办法来整顿吏治。他注重加强对官员的监督和管理，理顺各项典章制度和法律规范，优待汉族学者，安抚在雍正帝执政时期被酷刑严重打压的王亲宗室。他的这些措施有利于巩固清朝政权，有利于笼络各阶层人士衷心地为清朝服务。

第二，乾隆帝注重经济发展。奖励垦荒，兴修水利工程，保证了农业发展和技术的进步。乾隆帝在经济上的成绩就是继续实行了雍正帝时期创立的"摊丁入亩"制度、"改土归流"

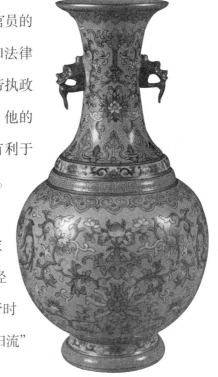

政策，维持了社会稳定和经济进步，使全国呈现出一派繁荣稳定的政治局面，乾隆帝凭借这些经济政策的实施及收到的效果迅速提升自己的个人威望，进而继续维持统治集团的稳定，使得社会经济在稳定中走向繁荣。

第三，外交上宣扬"十全武功"，乾隆时期清朝国土继续扩大。"十全武功"是乾隆帝自己最引以为自豪的行为，具体是指两次平定西北的准噶尔部叛乱，一

次平定新疆回部起义，两次征服西南的大小金川，一次镇压台湾林爽文起义，一次出征缅甸，一次出征越南以及两次出征尼泊尔的廓尔喀。乾隆帝时期这十次大规模的东征西讨都取得了胜利，稳定了中国西北边疆地区的局势，重新掌握了边疆地区的行政管制，开拓了清朝疆土的版图范围。

第四，积极注重古代文化发展，著书立说，达到中国封建文化顶峰。乾隆帝非常喜欢作诗和书法，自己就作了四万多首诗，亲自书写的书法和题字数不胜数，具有很高的史料收集价值。此外，乾隆帝还组织了许多大规模的文化工程，例如：编撰《四库全书》《大清会典》《周易述义》《三礼义疏》《皇朝通志》《八旗通志》等书籍，还校刊重刻了《十三经》、

《二十二史》、《三通》等书籍。其中最为著名的就是《四库全书》的撰写，其总共收入古书三千四百五十七部，共七万九千零七十卷，装订成三万六千二百七十五册，保存了许多珍贵古书，为中国古籍文化的集大成之作。乾隆帝时期还诞生了一部中国古典小说的巅峰之作《红楼梦》，这部小说充分体现了乾隆时代的社会具体情况。总之，乾隆统治时期是中国封建文化的集大成时期，与之相符的君主专制程度，无论思想上还是制度上都达到了顶点。

（三）好大喜功，永垂青史

通过上面的叙述我们知道了乾隆帝时期进行平定新疆、蒙古等地，使四川、贵州等地继续"改土归流"，积极实行稳定的农业政策和赋税制度，使得人口不断增加，突破了三亿大关，大约占当时世界人口的三分之一；注重丰富封建文化，是中国封建文化集大成时期，促进了经济、政治、文化方面进一步发展，经过这些努力最终开创了中国封建社会最后一个盛世——"康乾盛世"，使强大的中国屹立于世界的东方。他六十年的稳定统治，维持了中国封建王朝最后一个盛世，是中国封建政治、经济、文化诸方面经过漫长沉淀之后集大成的时代。虽然乾隆皇帝拥有极其巨大的贡献和功劳，

但我们也应该注意乾隆帝的一些消极影响，以更加全面地了解"康乾盛世"和乾隆帝的个人品质。

第一，六下江南，耗费了极大的人力、物力和财力。乾隆帝一生喜欢以康熙帝作为对比，来评价自己的施政效果和影响程度。康熙帝六次下江南主要是了解东南地区的社会和人民疾苦，且每次都很节俭，多数情况下都是微服出巡。乾隆帝下江南虽然也带有考察民情的目的，但他的主要目的是享受和炫耀他的伟大。乾隆帝的南巡使团声势浩大，规模极为壮观，每次基本都在万人以上，所到之处极尽奢侈糜费，地方供给极尽华丽壮观，百姓的财富经历了巨大的浩劫。

此外，乾隆还花费巨资在北京西郊营造繁华盖世的皇家园林"圆明园"。把中外九万里的奇珍，上下五千年的宝物，一齐陈列园中，作为皇帝家常的供玩。正是因为乾隆帝的南巡使团阵容浩大，所到之处尽显奢侈浪费之风气，所住行宫都是豪华壮丽，因此耗费了大量的民力和财力，也在一定程度上冲击了康熙和雍正时期奠定的物质基础。

第二，虽然乾隆帝在文化上具有突出贡献，但是他也犯过错误，那就是大兴

文字狱。文字狱是以权力任意对文字进行歪曲的理解为手段，作为证据来残害清朝社会的文人和士人集团，而且乾隆时期文字狱的兴盛程度可以说是整个清朝最严重的。这种政策严重地损害了清朝文人的创作精神和动力，禁锢了他们的思想和行为，也极大地危害了中国文化的发展。

第三，好大喜功，恶直好谀，宠信贪官和珅。 乾隆皇帝为了体现自己的威严和高高在上的权力地位，鼓励中国以外的国家向他进贡，对前来进贡的藩属国的赏赐十分丰厚，赏赐的价值常常高于进贡的十倍甚至百倍的价值。例如，中国与印度之间有一个巨坎堤王国，每三年向中国进贡一次，每次进贡的砂金是一

两五钱。中国的回报则是大量的银币、茶叶和绸锦。假使世界上有一种一本万利的交易，那就莫过于向乾隆皇帝进贡了。当周边的国家发现向乾隆进贡的好处时，就纷纷利用进贡的名义敲诈中国，并不惜用战争相威胁要求增加进贡的次数。乾隆皇帝为了自己的虚荣心，把百姓的税钱不当回事，使中华帝国的财富大量外流。此外，乾隆皇帝好大喜功，喜欢周围的人歌颂他英明伟大，更喜欢别人颂扬他的智慧和才能。乾隆帝非常喜欢自己

的官员阿谀奉承他，这就极易使得一些拍马屁的小人得势，进而破坏国家正常的统治秩序，也滋生了腐败的萌芽。这个喜好直接导致了中国历史上大贪官和珅的现身。和珅由于特殊的机缘受到乾隆皇帝的信任和重用，在他统治的后期把帝国的行政大权交给他。和珅有着绝顶的小聪明，熟悉做官技巧，用诣媚和恭谨的外貌，把自以为英明盖世的乾隆皇帝玩弄于股掌之上。和珅的全部行政才能是贪污和弄权，对乾隆重用他的回报是在全国建立一个史无前例的贪污系统，把清帝国的墙基掏空。全国官员发现，如果不向上级行使巨额贿赂，就要无情地被排挤出政治范围之外，甚至会被投入监狱，他们不得不适应这一形式。乾隆死后，和珅也跟着倒台，查抄他的家产折合白银九亿两，相当于全国十二年财政收入的总和。如果包括他挥霍掉的和亲人贪污的款项，总数应该不下二十年的财政收入，和珅当权刚好二十年。

总之，乾隆帝的政治生涯可以分为两个阶段来看，一是从乾隆初年至中期，这是乾隆帝政治生命中最有活力、最具深远影响的时期，也是备受后人称颂和赞扬的时期。二是中后期，因为宠信和珅，还有因乾隆帝年事过高，致使吏治松弛，弊政迭出，贪污腐败盛行，使乾隆帝辉煌的一生罩上了阴影。当乾隆在自我陶醉的时候，也是中国在"天朝上国"的迷梦中睡得最沉的时候。欧洲列强的坚船利炮已经在中国的周边蓄

势待发，企图尽全力打开中国的大门。而中国则被看似"超稳定"的社会结构和思想体系束缚住了前进的脚步，乾隆时代后期及以后的清王朝，变成了腐朽、落后的代名词。但是乾隆在维护中国领土完整方面和他在文治方面的成功还是有非凡的意义。无论从哪个方面看，乾隆皇帝都是一个天生强势的帝王，先辈给他留下的，不仅有辽阔的疆域和治世的积累，还有皇帝以天下为私产的思想基础。乾隆的成功，正在于他最完全充分地将强势

的地位与出色的个人能力相结合，将各方
面的影响发挥到极致，而只有在一个完
全强势的帝王统治下，才会出现中国两千
年来制度和思想文化上大一统的巅峰。
所以，乾隆帝可以说是一个有资格代表
"康乾盛世"这个名词的皇帝。

四、"康乾盛世"的全方位呈现

从清朝初年开始，依次经历了康熙、雍正、乾隆三位皇帝的积极统治和精心治理，使得清朝的国家实力逐渐上升，直到"康乾盛世"的出现标志了清朝社会的繁荣程度到达了顶峰，表现出来的是社会各个方面的繁荣和发展。那么，清朝"康乾盛世"的具体表现是什么呢？为什么能够被后人评价成为"盛世"呢？我们需要知道清朝这三位皇帝时期社会各方面究竟发生了什么发展和变化，这样才能揭开上述问题的答案进而全面了解"康乾盛世"的意义。

（一）农业方面

农业是清代全国多数人口所从事的主业。清代中期农业生产工具基本是宋元时期已经定型的传统工具。如用于整地的犁铧、锄头、秧弹、钉耙等；用于播种的耧车、秧马、石蛋等；用于灌溉的水

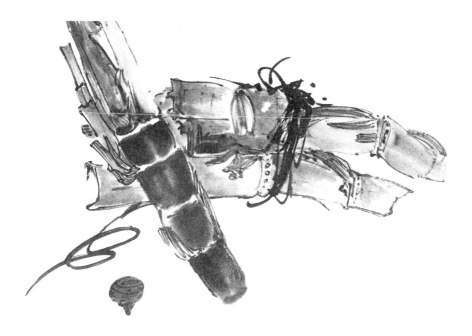

车、辘轳等。个别地区出现了能使耕地深度从传统的数寸加深至尺余的"深耕犁"等新农具。这个时期，农业生产关系仍然以一家一户男耕女织的小家庭为基本的生产消费单位。与农业发展密切相关的治河与水利工程，清朝政府给予高度重视。康熙帝亲政后，将治理河流列为国家必须解决的大事，六次南下巡视检查河工。此外，这个时期农业的高度发展，首先体现在农作物品种的改良。康熙帝亲自在宫中用十多年时间，反复试验，培育出早熟的优良稻种"御稻米"；同时，南方一些农作物品种推广到了北方地区。例如康熙帝时期，北京玉泉山种稻成功，后发展成为享誉北方的京西稻。农作物品种方面最重大且最具革命性的事件是在全国推广了从美洲引进的高产农作物品种番薯、玉米、马铃薯等。

农业技术也有了长足发展。在地窄人稠的南方，人们更加讲求精耕细作，集约

式发展。康熙时期,苏州织造李煦在苏州试验种植明朝时期仅在福建和广东种植的双季稻,获得成功,于是大力推广,使得在主要产粮区的江南得到了普及。在珠江三角洲,明朝中后期创造的"桑基鱼塘"此时更加完善和发展,在保持自然生态平衡的基础上,农牧桑渔相结合,达到并代表了中国传统农业技术的最高水平。

此外，清朝时期许多人开始从事蔬菜生产，例如北京地区种植蔬菜的人利用"火室""地窖"设备种植一些逆季节生长的蔬菜，运到市场上贩卖；乾隆时期，棉花在北方大面积种植，甘蔗在东南沿海地区还广泛种植。清朝"康乾盛世"时期的农业发展也主要体现在农作物培育技术的进步和农业技术的发展，这个时期农业生产工具的发明和创造不是很明显，这也是封建社会的活力减退的影响。总之，"康乾盛世"时期农业的持续发展，不仅让老百姓的基本生活得以保障，有利于社会安定团结，还使得农民对地主的人身依附关系逐渐削弱，生产关系缓慢变化，有利于农业、手工业的发展。清廷适时地进行了相关的政策和法律调整，对于促进农业发展、百姓生活安定的趋势给予制度上的保障。

（二）手工业发展

清朝政权的建立是通过武力征服实现的，明末清初的战争使得国内的手工业遭到了严重的破坏，经过三位皇帝的努力，清朝的手工业在这个过程中得到了恢复和发展。

清朝手工业体系中占有重要地位的仍然是丝织业。清朝丝织业比较发达的地区有广州、苏州、杭州等地区。清朝在江宁、杭州和苏州设立了织造衙门，由官府倡导进行丝织业的发展。"康乾盛世"时期

除了官府倡导的丝织业外，民间丝织业也很快发展起来，其产品也畅销于全国各地，普遍受到好评。再者，棉织业在清朝手工业中也是比较重要的。棉织业发展的重要因素就是生产工具得到了改善和发展。例如上海的纺纱脚车，可"一手三纱，以足运轮（名脚车），人劳而工敏"；织布机也有一些改进和革新。"康乾盛世"时期，棉纺织品的生产数量和质量都有很大的提高和进步。据说苏州的棉布

销售商店——"益美字号"，一年销售的布匹可达百万匹，可见其生产能力和质量都是受到社会认可的。还有苏州和无锡的棉布也是闻名全国，可以称得上是上品。

"康乾时期"陶瓷业的发展主要体现在全国著名的制瓷中心——景德镇。这个时期景德镇出产的官窑瓷器主要是供应清朝统治集团使用，瓷器精美细腻，美轮美奂，可以说是中国古代制瓷技术的最高峰。除了景德镇之外，其他的瓷器制造业也非常发达，据统计，乾隆时全国著名陶瓷品产地共有四十余处，遍布各地。如山东临清、江苏宜兴、福建德化、广东潮州等地区的瓷器和窑厂，都有很大的规模，

所产瓷器色彩鲜艳、精美异常。

矿冶业有了很大的进步。云南的铜矿，贵州的铅矿，广东、山西、河南的铁矿，开采的规模都比较大。这些矿厂有的是官督商办的大规模工厂，有的是私营的小规模工厂。此外，广东的冶铁规模也有了发展。广东佛山镇的铁器制造业很发达。那里有铸锅业、炒铁业、制铁线业、制钉业和制针业等行业，而尤以铸锅业最为有名，所铸铁锅不仅行销国内各地，而且也大量输出国外。

清朝"康乾盛世"时期制糖业、造船业等也都有了长足的进步，他们也是这个时期清朝手工业发展的重要组成部分，做出了应有的极大

贡献。再者，手工行业中分工的进一步细致、雇佣关系的发展和全国性市场体系的建立代表着这个时期清朝手工业的发展。

（三）商业的繁荣

随着"康乾盛世"时期农业、手工业的发展出现了商业贸易的繁荣。全国各种各样的商品云集于各个地区，商品流动于全国各地，这就促进了商业贸易的发展，也使得国内各地区之间联系更加密切。如广东佛山镇的各种铁器，畅销于全国，当时有"佛山之冶遍天下"的说法。其他如苏州的丝、棉织品，南京的绸缎，

景德镇的瓷器，广东、台湾的蔗糖，安徽、福建、湖南的茶，也都行销各地。特别是江南丝织品，清代比明代有更广大的国内外市场。例如南京、苏州、杭州所产的绸缎，基本上畅销于国内各地，且还有很大的海外市场。各式各样的商品行销海内外，海外的稀有物品也在中国市场上流通，如瓷器、铁器、茶叶都大量地销售于国外；玛瑙、象牙、珍珠等国外稀有物品也大量流入中国市场上销售。可以说，这个时期商业贸易的繁荣发展是农业、手工业以及人民生活质量提高和进步的主要体现，尤其是体现了手工业的发展程度，否则市场上不可能有如此丰富的商品进行流通，商业贸易也就无从发展。

商业的发展繁荣带动了全国性市场体系的初步形成。最基层的是遍布城乡的集市；中间层是连接城市中心市场与集市基层市场的镇，镇是在集市之上高一层次的商品市场和居民点；镇以上是城市中心市场，城市中心市场是以转运贸易和铺户贸易为主要商业形态的市场中心地。

从整体上看，边远地区以单个城市为中心的格局非常突出。如东北，以吉林将军驻地吉林为中心，向四周辐射形成各自的市场网络。经济发达地区，则往往是几个城市共同成为市场网络中心。如江苏嘉定县城所管辖的镇市向南方、西方呈扇形辐射，约为五层市场圈，相互联系，从而形成了区域性的商品经济地。全国范围内各个市场网络相交相联，有利于全国商品在各地流通、交换，促进了商品经济的发展并满足了人们的各种需要，促进了全国经济的繁荣。

(四) 资本主义萌芽的发展进步

"康乾盛世"时期在手工行业中雇佣关系与明朝时期有了进一步的发展。明朝时期已经出现具有资本主义萌芽性质的雇佣生产，清朝时期进一步发展。例如在纺织业中，生产经营有两种方式。一种是"代织"，就是商人将丝织原料和工具提供给机户，让他们加工成纺织成品，过后计算领取工钱，类似于"包买商"形

式。另一种是"自织"，其中又分自产自销和集中经营两种方式。机户出资经营，机匠机工领取工钱，机户、作坊主要拥有和提供生产资料，雇佣固定的工匠进行生产，长期受雇的工匠多为无地无家事的单身汉，他们以出卖劳动力为生。这种生产方式显然类似于资本主义初期发展的工场手工业阶段。此外，受雇的工匠、帮工、学徒与手工业主之间的对立和斗争经常发生。随着城市手工业的发展，同业行会和商会纷纷建立，行会活动十分频繁。手

工业者通过控制行会和调剂产销环节，限制外来者和同业行会的竞争，保护本行业的利益，规定工人的工作时间和工资。与之相对，手工业工人也逐渐联合起来，建立或要求建立自己的组织，争取工匠、手工业工人们的权益。雇佣劳动和手工工场的发展是这一时期资本主义生产关系萌芽滋长的重要表现。但是，当时这只是出现在一个地方或一个区域，如苏州、泉州等地方，并没有普遍出现于社会的各个区域，整个社会经济格局还是传统的自然经济体系占据着主导地位。

（五）"康乾盛世"时期的文化

这个时期文化发展的表现之一是篆

修群书。康熙帝继位后，很快将文治建设提到日程。康熙十七年诏举博学鸿儒科，后又重开名实馆。此后，组织学者注释各部经书，整理编纂各种典籍成为一项经常性工作。康雍时期，官修图书不下数十种，内容包括经史、诗文、音韵、字典、天文历法等，其中最有成就的是《古今图书集成》，它是中国古代最大，也是最后的一部类书。它编成于康熙、雍正年间，实际主持编纂的是陈梦雷。《古今图书集成》最终定本分历象、方舆、明伦、博物、理学、经济六汇编，下辖三十二典，典下再细分为六千一百零九部，总计一万卷。全书体例周详，分类详细，以类扩典，组成了一个严密完善的分类体系。内容的丰富，安排的严密，使得《古今图书集成》一书成为我国古代最负盛名的百科全书。这些书籍既反映了康雍两朝文化建设

的成就，也奠定了一代王朝稽古修文的深厚根基。乾隆年间，随着国家经济的发展，统治者得以把更多的精力和更充足的财力、人力用于大规模的文化建设。在乾隆亲自主持和过问下，数十年间官修史书达一百多余种，不仅在数量上堪称中国历代王朝修书之最，而且在内容和部类方面，也包罗万象、门类齐全。著名的《四库全书》，它是乾隆时期编纂的中国历史上最大的一部丛书。据统计，它著

录书籍三千四百六十一种，七万九千三百零九卷；存目书籍六千七百九十三种，九万三千五百五十一卷。总计一万零二百五十四种，十七万两千八百六十卷，几乎囊括了乾隆以前中国历史上的主要典籍。其他注疏有《周易述义》、乐律有《律吕正义后编》、文字音韵有《清文鉴》、史著有《钦定蒙古源流》、史评有《御批通鉴纲目》、纪略方略有《平定两金川方略》、传记有《满汉名臣传》等等。这些为数众多的书籍的纂修，营造出一种博大恢弘的文治气象，把"康熙盛世"的文化建设推向了中国历史发展的高峰。

表现之二是民主进步思想。清朝是通过武力征服建立起来的王朝，并且是少数民族通过武力征服了汉族的明朝政权，当时社会上普遍认为是满族夺取了汉族人的江山，社会各阶层的反满情绪十分高涨。尤其是清初的许多文人学者，非常不满清朝统治者对汉族的压迫和专制政策，比较普遍存在反对清廷统治的思想，还有些人具有进步的民主思想痕迹。黄宗羲、顾炎武和王夫之是这时期最著名、最杰出的思想家和学者。黄宗羲的著作是《明夷待访录》，

他尖锐地批判了极端专制统治，大胆地提出了这种制度是天下的大害，并提出了诸如"有治法而后有治人"等一些带有民主主义色彩的命题；顾炎武的著作是《日知录》，他明确提出努力把学术研究与解决社会问题联系起来，以达到拯救天下人士，万世太平的目的；王夫之则致力于批判中国传统学术，对宋明以来占据思想界统治地位数百年的唯心主义理学进行了系统深入的剖析和批判，否定王阳明心学和程朱理学的同时，阐发了朴素的唯物主义宇宙观和历史观，把中国古代唯物主义哲学思想推进到一个新的层次和阶段，成为中国近代实证科学的先导。此外，他们在诗歌和散文方面也有所成就，主要表现了强烈的民族新思想和不同程度的民主思想，展现了很高的文化底蕴和创作才能。除此之外，这个时期遗民诗逐渐兴盛起来，产生了许多杰出的遗民诗人，例如阎尔梅、屈大均、陈恭一、吴嘉纪等。遗民诗主要以反映民族矛盾，表现民族思想和爱国思想为主题。

表现之三是诗歌、文学艺术的发展。随着清朝政权的逐渐稳定和实行了许多有利于社会各方面发展的措施，清朝政权也逐渐被世人所认可，与清朝初期的反清、反对满族的盲目激进思想相比，这个时期的文人学者主要对清朝政治制度消极方面进行抨击和批判。在诗歌方面，不再以民族矛盾和反清统治为主题，而是致力于对艺术技巧方面的追求，以描写山水和借今怀古为主要内容。代表人物有赵执信、宋琬、施闰章等。在文学方面，长篇小说在这个时期取得了巨大成就。其中的代表作品是吴敬梓的《儒林外史》和曹雪芹的《红楼梦》。《儒林外史》叙述的是

对清朝科举考试的落后制度——八股取士的封建考试制度如何摧残人才进行抨击，进而深刻全面地揭露了八股取士的弊端，语言尖刻、讽刺直接，它采用了夸张的手法，注重对人物表情和心理的细致描写，利用讽刺的手法真实而深刻地反映了社会的现实和残酷。其具有幽默感而又不失朴素的语言艺术，富有隐蔽的含蓄性，凭借这些优点使它成为中国古代成就最高的长篇讽刺小说。《红楼梦》

主要是通过讲述以贾宝玉、林黛玉为主要人物的爱情悲剧和贾府由盛转衰的故事情节，深刻地反映了封建官僚地主生活的腐朽，表现了具有叛逆性格青年的民主思想与传统意识形态的冲突，揭示了封建统治阶级和封建社会走向没落的趋势。它通过对日常生活琐事和各式各样的人物内心世界的提炼描写，塑造了一批具有深刻典型意义而又个性鲜明的人物形象。这部小说描写细腻、惟妙惟肖、气氛浓郁，语言生动简练。它凭借思想、艺术和语言等诸多方面取得的巨大成就，成为中国古典小说发展极致的标志和象征。此外，在短篇小说方面，以短篇文言式的笔记小说居多，主要代表人物和著作

有纪昀的《阅微草堂笔记》、袁枚的《新齐谐》等。这些短篇小说虽然没有达到像《聊斋志异》那样的文学成就，但也具有很高的文学价值和代表性。此外，"康乾盛世"时期，世俗文化逐渐繁荣起来，尤其是戏曲方面有了长足的进步。其中最有代表性的当推李渔的戏剧理论和洪昇《长生殿》、孔尚任《桃花扇》的创作，最引人注目的是各种地方戏曲的兴盛。

还有，这个时期开始以传教士为媒介的中西文化交流，主要是天文历法、数学、地理领域、绘画等方面都有了长足发展。

（六）"康乾盛世"得以实现的动力和基础——人口和疆域

"康乾盛世"时期人口的增长和疆域的庞大，是"康乾盛世"局面得以实现的原动力和基础。这个时期随着社会经济的恢复和发展, 人口数量也迅速增长。

农作物品种的培育技术和农业技术的进步和发展, 使清朝人口数量增加, 一方面促进了经济的恢复和发展并产生了积极的作用, 成为创造这种盛世奇迹的主要动力和源泉; 另一方面, 人口的急剧膨胀与土地资源不足的矛盾也日益突出, 由此也引出了许多不安因素, 例如阶级矛盾紧张, 大量没有土地的农民成为社会贫民和流民, 成为威胁社会安定和政权不稳的潜在因素。因此, 清朝统治者为了缓解人口的压力, 采取了多种措施, 其中最重要、也最有成效的是推行鼓励垦荒的政

策。这一政策的基本点是最大限度地开发土地资源的潜力，来养活前所未有的庞大人口。它包括准许人民赴边就食，招民开垦新疆，放宽对新垦田地升科年限，永远实行禁止各省丈量田亩及抑勒首报垦田，新垦山头等等措施。人多地少地区的大量人口在政策引导和自然灾害的驱迫下，纷纷流向长江中下游的丘陵地带及关外的边疆地区。康雍乾多数年间，全国在册税亩数仅在六至七亿亩左右，但税亩仅仅是征收赋税的单位，不等于实际耕地面积。此外，垦田面积的大量增加与成倍增加的人口相结合，把传统农业的生产力水平提到了空前的高度。但是，人口在边疆地区及长江、黄河上游地区的大规模毁草种田，毁林开荒,也付出了水土资源流失严重的沉重代价。

"康乾盛世"时期,康熙、雍正、乾隆共同开创的盛世局面很重要的一点就体现在疆域方面。三位皇帝在位时期,都为了巩固政权,稳定边疆地区局势进行过战争,进而稳定了清朝边疆的局势而且扩大了清朝的疆域和统治范围,从而为开创"康乾盛世"局面奠定了稳定的基础。乾隆二十四年(1759年),北起蒙古唐努乌梁海地区及西伯利亚,南至南海,包括"千里石塘、万里长沙、曾母暗沙"(今西沙群岛、南沙群岛等岛礁),西南达西藏的达旺地区、云南省的南坎、江心坡地区等缅甸北部,西至咸海与葱岭地区,包括今新疆以及中亚巴尔喀什湖,东北抵外兴安岭,包括库页岛,东南包括台湾、澎湖群岛，总面积达一万三千万平方千米。

简言之，清朝之所以会出现"康乾盛世"这样极具代表性的全社会和谐统一的繁荣局面，首先它应该得益于整个社会内部政治局面的安定和谐。在康雍乾统治时期，自从康熙帝平定三藩之后，国内中原地区几乎再没有发生过大规模的战争，国内没有战争，社会也就没有遭到大规模的破坏，社会经济的发展没有停滞而继续向前发展，百姓没有颠簸流离之苦，可以安心地在自己的土地里耕作，过着自给自足的安定生活。这种社会稳定、人民生活安居乐业的状态得以长时间维持，这种稳定状态慢慢地积累沉淀，逐渐产生质

变，自然而然也就形成
了"康乾盛世"局面的
出现；其次，就外部条
件来讲，中国生产力状
况在那个时期还是位居
世界前列的，中国社会
能够制造出相当丰富的
社会产品，这些商品也
深受外国人喜爱，因此
中国与外国进行经济贸
易时常常处于出超的位
置，这样就使得国外大

量白银流入中国，在很大程度上增加了
清政府财政收入，这些收入有利于清朝
政府进行国内政治、经济、文化等方面的
建设，因此这是盛世局面出现的一个重
要因素。此外，"康乾盛世"局面的出现
还与康熙、雍正和乾隆这三位皇帝的统
治能力和素质有着密不可分的关系。这
三位皇帝接连统治中国一个多世纪，励

精图治，勤政英明，在这期间采取了许多有利于社会经济发展、人民生活安逸以及社会文化集大成的政策措施，也创新了一些制度用来更好地完善清朝政府的统治。他们通过上述努力也为这个盛世局面做出了极其重要的贡献。

五、"康乾盛世"的瑕疵

通过上面的叙述使我们了解"康乾盛世"时期中国在经济、政治、文化、人口及疆域方面的发展变化和具体表现，能够对"康乾盛世"时期社会状况有一个整体上的认识，以至于让我们知道所谓盛世的说法究竟描述的是一个什么样子的社会，也就是说，上面讲的政治、经济、文化等方面是康雍乾时期为什么被称作盛世的主要依据和评判标准。我

们可以从中了解到正是康雍乾三位皇帝通过采取许多积极政策和措施，才能够使得当时中国社会发展到如此繁荣的程度，最终进入到"康乾盛世"的局面，被后人所歌颂和赞扬。然而，我们知道这三位皇帝所采取的措施和政策当中有积极和消极之分，他们的许多积极政策促使了这种繁荣社会的实现，而他们的一些消极政策有没有影响社会的发展呢？如果有影响那么这些消极影响会给当时盛世社会带来多大程度的害处呢？这些问题是需要我们去考虑和了解的。

一是闭关锁国。这个政策是从明朝时期开始产生并发展起来的，到了清朝发展得更为严重。清朝盲目自大的心理，一直自认为自己是最强大、最发达的国家，是天朝大国，其他都是一些蛮夷小邦，没有必要与外国有经济、贸易的往来。这种思想的产生一方面对经济的损害很大，商品贸易可以促进经济发展和进

步，如果限制贸易发展，无疑也就阻碍了
经济的发展空间；另一方面是对中国人
民要求进步思想的一种束缚，闭关锁国
使得国内人民不知道外面发展的情况。
由此，人们的视野受到了很大的限制，不
知道世界的发展变化、事物的先进变化
程度以及国外发展的迅速。比如说，清朝
政府有严格规定，严禁私自或集体随意
出海；如果出海，船只大小有限制，铁器
不能带，粮食不能带太多，害怕人
们出去后与其他势力联系回来
破坏清朝统治，只限于在附近航

行；到了国外的人限定必须两年回来，否则回国之后将被没收财产、充军戍边。这些都极大地阻碍了中国的发展和进步。

乾隆时期，英国国王派使节马戛尔尼出使中国，希望与中国通商。虽然其中有侵略性的要求，但是也有合理的成分。如果当时清朝与之进行沟通和协商的话，对不合理的要求予以拒绝，对于合理要求予以考虑，用和平的方式与之交往、接触，就能对世界的情况有所了解，起码能逐渐在一定程度上改变天朝上国的骄傲自大心理。这对于当时国人了解世界情形，对于中国以后追赶世界就会产生非常积极的意义。然而，乾隆皇帝并没有重视这一点，仅仅因为中西方在礼节上有冲突而放弃与西方交往的机会，使中国失去了了解世界的一次大好机遇。从乾隆年间到鸦片战争仅仅相隔五十年，中国与世界的力量对比完全改变。甲午战争前夕，中国工业生产总值占世界的百分之六，而全欧洲占百分之六十二，中国一下子远远地被落到后面去了。

二是重农轻商。康雍乾时期，清朝政府仍认为农业是社会发展的根本，农业是全国多数人口所从事的主业，工商业不被重视。政府控制工商业自己经营，让政府从中获得利益，限制百姓经营，

更谈不上外来人士经营。如对外贸易、盐业等，都只有经过政府批准的商人才可以经营。在思想观念上，当时社会阶级地位的顺序依次是士、农、工、商，士的社会地位最高，商人的地位最低。这与外国鼓励海外掠夺、鼓励工商不同。在西方国家，工商业者可以形成独立的力量。中国的工商业者则始终要依附于清朝政府。这对中国进入近代社会起着消极的作用。康雍乾盛世时期，中国国力世界第一，但这只是生产总量第一，而非人均。从人均来讲，英国、法国已经走在前列。他们利用先进的发展方式，与中国自然经济方式截然不同。

三是束缚思想。中国自从汉武帝以来就一直奉儒家为正统思想，不让其他思想存在。宋朝以后逐渐发展成为理学思想，其中有许多落后的东西。程朱理学把原来中国思想中新鲜的因素几乎全部抛弃。清朝对于人们思想的束缚前所未有。康雍乾三位皇帝都实行过大兴文字狱政策。议论时政、撰写史书，往往带来杀身之祸。于是，人们心惊胆战，不敢多说，不敢评论国家大事，思想上难以发展和释放，更谈不上活跃。极少的学者或者思想家为了表达自己的观点和思想，都采取婉转间接的方式表达，这对思想的发展进步没有好处，严重束缚了当时清朝文人学者的思想进步，阻碍了有些学者对于先进思想的追求。

四是不重视科学。中国古代自然科学一度非常发达，但是随着封建制度的逐渐落后，人们发明创造的精神和积极性也大为减退，以至于科学发明停滞不前。科举考试的内容只是四书五经，自然科学被排斥在科举之外。在乾隆时期编辑《四库全书》的过程中，才突然发现古代数学已经不存在了。

总的来说，康雍乾时期社会盛世的表现并不是没有瑕疵的发展，它只是某些方面特别强大，并不是社会各个方面全面发展。我们知道，一个社会的健康运行需要各个部门、领域相互配合协调发展，农业、工业、商业、科技、思想等诸方面，互相促进、互相补充、相互推动、相互发展。如果只是社会某些方面发展，会造成国内各地经济发展不平衡，进而产生国内矛盾和严重不良后果，这就是康雍乾盛世潜伏的根本危机所在。然而，这种潜伏的社会危机的出现，如上所述只是表面现象造成的，更深层的根源就是中国两千多年的封建专制主义中央集权制度。封建主义制度在它成立早期和中期阶段，确实为中国社会的各方面进步提供了诸多政治制度方面的保障，建立在自然经济基础上的封建制度在早期和中期非常符合中国经济、政治以及文化的发展状况，富有极其强大旺盛的生命力。然而，随着中国社会的发展以及外部世界的国家在发展过程中发生了深刻剧烈的变化，都在不同程度上冲击着封建制度的根基。封建制度以及建立在这种制度基础上的传统思维方式逐渐落后于时代发展的趋势。

由此可见，就在这样的盛世下，清朝的统治隐含着严重的社会危机。当时的西方国家已经逐渐呈现出摆脱手工工场的经济模式，向机器工业化发展趋势迈

进的景象，人类社会正在经历着前所未有的变革。如何应对这样的历史巨变，是摆在所有国家面前的严峻选择。而清朝统治者对此一无所知，继续在做着天朝大国的虚妄之梦，他们对于世界的发展一无所知，根本没有意识去了解其他国家发展的状况，拒绝接受来自于外部的新事物和新方法，这在很大程度上导致了当时清政府与外国联系的隔阂，严重阻碍了中国社会的进步。而在思想文化方面，又实行严酷的专制政策，严重、彻底地扼杀了中国人的思想活力和思维方式的进步，违背了中国人一贯积极好学、接触新事物、积极向上的传统。康雍乾时期文字狱频繁出现，政治上君主专制空前加强，由于缺少权力的制约，政治上的清明愈来愈难以维持，甚至出现了和珅这样的贪污之王。此外，在对外关系上，清朝实行"闭关锁国"的政策，经济上采取了重农抑商、轻视科学的态度，清朝已陷入了固步自封的境地。康雍乾时期的盛世，只是中国传统专制主义社会的回光返照而没有在走向近代化的道路上开辟出任何新的路径。

综上所述，清朝康熙、雍正、乾隆三位皇帝顺应了国内社会形势和历史发展的

趋势, 采取了较为积极的政策和措施, 通过平定三藩, 收复台湾, 平定准噶儿噶尔丹、大小和卓等势力使得国内局势稳定下来, 清朝统治也在中原地区站稳脚跟。积极发展农业, 鼓励开垦荒地, 兴修水利工程, 注重农产品技术改进, 使得农业尤其是粮食产量大为增加, 让社会大部分人能够吃上饭, 减少了社会流民, 缓和了社会矛盾, 这是"康乾盛世"得以实现的最基本的要素。手工业和商业取得了长足的进步, 各个手工行业如丝织业、棉织业、矿冶业、陶瓷业等都有不同程度的发展,商品交易频繁尤其是全国性市场体系的形成使得国内物质互通有无,互相补充,这是"康乾盛世"局面出现的物质基础。此外,人口增加和疆域的稳定也是盛世局面的重要标志之一。康、雍、乾三朝社会各方面因素共同作用而产生了极其良好的效果,进而呈现出繁荣稳定的社会大和局面。因此,清朝"康乾盛世"的社会局面代表了中国古代封建社会发

展的最高程度。然而，所谓的盛世局面也并非全面的发展，它在一定程度上只是某些方面显示强势，特别在发展经济文化、巩固国家统一、加强民族团结、对边疆的开发等方面有着重大的功绩，其政策措施，应该值得肯定。但是随着世界资本主义势力崛起并逐渐发展壮大，清朝所代表的中国却逐渐成为一个时代的落伍者，为后来国家和民族的危机付出了极其沉重的代价。因此我们不应该过高、盲目、片面地评价"康乾盛世"，我们更应该全面系统地来看待这个盛世局面，同时也应该把"康乾盛世"放在世界的大环境中进行比较，既要看到"康乾盛世"所反映的当时中国社会的繁荣景象，充分显示了当时中国的国家实力，同时也要清醒地看到清朝统治下所潜在的严重社会危机。